Firmengründung! Selbstständigkeit ohne Risiko

Geld verdienen mit der eigenen Firma, auch ohne Kapital und ohne Ausbildung!

Impressum:

Alle Rechte an diesem Buch liegen beim Autor:
Dagmar Scholz
Weimarer Straße 11
34379 Calden

1.Auflage

zu bestellen bei:

BoD Books on Demand GmbH
In die Tarpen 42
D-22848 Norderstedt

oder unter www.bod.de

Ferner zu bestellen überall im Buchhandel unter

ISBN 978-3-8391-9816-2

Herstellung und Verlag:
Books on Demand GmbH, Norderstedt

Inhaltsverzeichnis

Geschäftsideen ohne Eigenkapital und ohne staatlich anerkannte Ausbildungen

Vorwort

In diesem Buch beschreibe ich Geschäftsideen mit denen man ohne großen finanziellen Aufwand und ohne abgeschlossene Berufsausbildung, aus seinem Leben doch noch einiges machen kann. Ich gehe einfach davon aus, jeder kann etwas, auch ohne abgeschlossene Berufsausbildung oder ohne Schulabschluss. Man ist auch nie zu alt um neu anzufangen. Die Wirtschaftslage mag schlecht oder gut sein – egal – der Neubeginn kann jederzeit starten.

Also worauf noch warten und warum nicht sofort starten!:

Motivation:

Bevor man sich für eine der hier beschriebenen Geschäftsideen entscheidet, oder auch für zwei oder drei, sollte man eine positive Lebenseinstellung entwickeln. Also: **positiv denken!** Das ist immer wichtig, denn Sie sollten sich folgendes merken:
Wer positiv denkt, der ist auch motiviert.
Motivation bedeutet: Sie setzen sich in Bewegung um etwas zu tun, zu verändern, denn Sie waren bis jetzt mit ihrem Leben nicht ganz zufrieden.

Entweder macht Ihnen Ihr Beruf keinen Spaß oder
Sie bekommen seit Jahren keinen Job.

Zum Nachdenken und weil es manchen von Ihnen auch
so geht wie Kurt Schmidt in dem Gedicht von Erich
Kästner, sollten Sie vorab dieses Gedicht von Erich
Kästner gut lesen und verinnerlichen.

Kurt Schmidt, statt einer Ballade von Erich Kästner

Der Mann, von dem im weiteren Verlauf
die Rede ist, hieß Schmidt (Kurt Schmidt., komplett).
Er stand, nur sonntags nicht, früh 6 Uhr auf
und ging allabendlich Punkt 8 zu Bett.

10 Stunden lag er stumm und ohne Blick.
4 Stunden brauchte er für Fahrt und Essen.
9 Stunden stand er in der Glasfabrik.
1 Stündchen blieb für höhere Interessen.

Nur sonn- und feiertags schlief er sich satt.
Danach rasierte er sich, bis es brannte.
Dann tanzte er. In Sälen vor der Stadt.
Und fremde Fräuleins wurden rasch Bekannte.

Am Montag fing die nächste Strophe an.
Und war doch immerzu dasselbe Lied!
Ein Jahr starb ab. Ein andres Jahr begann.
Und was auch kam, nie kam ein Unterschied.

Um diese Zeit war Schmidt noch gut verpackt.
Er träumte nachts manchmal von fernen Ländern.

Um diese Zeit hielt Schmidt noch halbwegs Takt.
Und dachte: Morgen kann sich alles ändern.

Da schnitt er sich den Daumen von der Hand.
Ein Fräulein Brandt gebar ihm einen Sohn.
Das Kind ging ein. Trotz Pflege auf dem Land.
(Schmidt hatte 40 Mark als Wochenlohn.)

Die Zeit marschierte wie ein Grenadier.
In gleichem Schritt und Tritt. Und Schmidt lief mit.
Die Zeit verging. Und Schmidt verging mit ihr.
Er merkte eines Tages, dass er litt.

Er merkte, dass er nicht alleine stand.
Und dass er doch allein stand, bei Gefahren.
Und auf dem Globus, sah er, lag kein Land,
in dem die Schmidts nicht in der Mehrzahl waren.

So war's. Er hatte sich bis jetzt geirrt.
So war's, und es stand fest, daß es so blieb.
Und er begriff, daß es nie anders wird.
Und was er hoffte, rann ihm durch ein Sieb.

Der Mensch war auch bloß eine Art Gemüse,
das sich und dadurch andere ernährt.
Die Seele saß nicht in der Zirbeldrüse.
Falls sie vorhanden war, war sie nichts wert.

9 Stunden stand Schmidt schwitzend im Betrieb.
4 Stunden fuhr und aß er, müd und dumm.
10 Stunden lag er, ohne Blick und stumm.
Und in dem Stündchen, das ihm übrigblieb,
brachte er sich um.

Wenn Sie sich in Erich Kästners Gedicht wiedererkannt
haben, dann seien Sie motiviert und beginnen mit der
Action.
Sie bemerken nun, dass Ihnen das viel Kraft gibt.
Sie haben nun viel **Power.** Das Ganze – also die drei
notwendigen Komponenten als Motor zum Erfolg - nenne
ich jetzt einmal **MAP.**

MAP, das bedeutet:

Motivation – Action – Power

Durch diese drei Eigenschaften sind Sie jetzt motiviert,
bewegen sich endlich und somit etwas und das gibt Ihnen
viel Kraft. Diese Kraft können Sie nun nutzen um Ihre
Ziele zu erreichen und das durchzusetzen woran Ihnen
viel liegt. Denken Sie immer daran:

Nur Sie selbst können etwas bewegen. Von allein bewegt
sich nichts.

**Nur so haben Sie die Chance Ihr Leben zu ändern.
Wer abwartet wie „Kurt Schmidt" der hat verloren.**

Der Anfang

Beginnt man damit eine Geschäftsidee in die Tat umzusetzen ist positives Denken ein wichtiger Faktor. Wer positiv denkt, der hat auch Energie. Die braucht man schon, denn es wird einem nichts geschenkt. Man muss viel arbeiten und braucht ein gewisses Durchhaltevermögen.

Einige der nachfolgend beschriebenen Geschäftsideen mache ich selbst und sie sind so lukrativ, dass ich meinen Lebensunterhalt und den meiner beiden Kinder damit finanzieren kann.

Ihre Zeitplanung bestimmen Sie selbst und somit auch in gewisser Weise Ihr Einkommen. Sie können mit nichts anfangen und damit sehr weit kommen. Im Anhang finden Sie ein **Geschäftskonzept** als Beispiel für Ihre Planung.

Was sie noch mit ins Geschäft bringen müssen ist **Flexibilität. Pünktlichkeit, Zuverlässigkeit**. Nur wer flexibel ist, der ist auch wettbewerbsfähig. Und auch bitte nicht vergessen: Freundlichkeit. Der Kunde ist immer König. Egal was sie machen.

Allgemeines

Alle hier aufgeführten Tätigkeiten müssen natürlich beim Finanzamt als Gewerbe angemeldet werden. Es handelt sich hier um Tätigkeiten, die jeder problemlos für ca. 22 Euro als Gewerbe anmelden kann. Dazu gehen Sie zu Ihrem örtlichen Rathaus,

Abteilung „Gewerbeanmeldung".
Sie bekommen dann Post vom Finanzamt und müssen
Formulare ausfüllen, d. h. Angaben über Ihr Gewerbe
machen. Sie haben im ersten Jahr die Möglichkeit die
Kleinunternehmerregelung zu nutzen. Das bedeutet, sie
werden von der Umsatzsteuer befreit. Es ist ratsam, sich
bei der Unternehmensgründung für die
Kleinunternehmerregelung zu entscheiden.
Dafür brauchen Sie nur das entsprechende Kästchen
anzukreuzen. Also Aufmerksam die Formulare
durchlesen!

Steuerliche Angelegenheiten machen sie
entweder selbst oder nehmen sich einen
Steuerberater. Bevor sie
das Gewerbe anmelden, dürfen Sie natürlich einige
Wochen testen ob es auch so funktioniert, wie Sie
das erwarten oder ob die Tätigkeit Ihnen auch
wirklich gefällt. Nur wenn Sie etwas gern machen,
dann werden Sie auch erfolgreich sein.

**Für Hartz IV Empfänger oder bei
Arbeitslosigkeit**:

Hier muss natürlich dem Arbeitsamt oder Sozialamt,
bzw. der Arbeitsförderung, das Gewerbe mitgeteilt
werden und das, **bevor Sie das Gewerbe
anmelden.**

Besprechen Sie das mit Ihrem zuständigen Berater
und legen Sie ihm das Geschäftskonzept vor.
Manchmal gibt es sogar eine Förderung was derzeit als
Gründungszuschuss bezeichnet wird. Einfach
mal nachfragen. Keine Angst, niemand wird Ihnen

sofort Ihre Unterstützung streichen. Sie werden den vollen Unterhalt solange weiter bekommen, bis sie das erste Einkommen erzielen. Die Behörden sind froh, wenn ein jahrelanger Hartz IV Empfänger ohne berufliche Qualifikation, den Mut hat, einen beruflichen Neuanfang zu wagen. Zumal Sie für die meisten der hier beschriebenen Geschäftsideen kein Eigenkapital benötigen.

Nebenberuflich selbstständig werden:

Wer beruflich gut verdient, aber nicht ganz zufrieden ist und noch etwas anderes machen möchte, der kann sich auch nebenberuflich selbstständig machen. Es ist ratsam dieses dem Arbeitgeber mitzuteilen. Wenn der Nebenjob das Arbeitsverhältnis nicht beeinträchtigt, dann ist das meist kein Problem. Auch hier muss ein Gewerbe angemeldet werden. Es gibt die Möglichkeit ein Gewerbe nebenberuflich anzumelden.Im Rathaus, Abteilung Gewerbeanmeldung, wird man üblicher Weise gefragt, ob ein haupt- oder nebenberufliches Gewerbe angemeldet wird. Bei manchen wird das nebenberufliche Gewerbe irgendwann zum Hauptberuf. Es ist also alles möglich.

Geschäftsideen

Geschäftsideen kann man aus vielen Dingen entwickeln. Viele haben Hobbys wie Fotografieren, Schreiben, Malen oder Handarbeiten. In den nachfolgenden Seiten wird beschrieben, welche Ideen man entwickeln kann und wie man diese vermarktet.

Sie können auch schauen, was andere machen, welche Ideen andere hatten. Vielleicht entwickeln Sie daraus eine neue Geschäftsidee?

Das größte Gebiet der Geschäftsideen sind die Dienstleistungen. Daher beginne ich damit.
Bevor ich näher auf die einzelnen Ideen eingehe und diese beschreibe, beginne ich jetzt mit einigen Vorarbeiten und Überlegungen:
Was möchte ich machen? Habe ich ein Auto oder nicht? Was kann ich gut? Was macht mir Spaß?
Wenn ich nun weiß was ich gern machen möchte stellt sich gleich die nächste Frage: Wie komme ich an Kunden? Das werde ich hier vorab schon einmal beschreiben, obwohl ich es in den nachfolgenden einzelnen Beschreibungen der Dienstleistungen es gelegentlich je nach Bedarf noch einmal ansprechen werde.

Wichtig ist immer ein **gutes Marketing**. Sie brauchen Kunden und die kommen nicht von allein, denn die wissen noch gar nicht, dass es Sie gibt. Generell bietet sich ab und zu eine Anzeige in der Zeitung an; aber das ist teuer und nicht jeder hat an dem Tag die Zeitung gründlich gelesen.

Eine weitere Werbemöglichkeit ist das Verteilen von Flyern. Das sind Werbeblätter in DIN A 5 Größe, die sie mit dem PC herstellen oder auch handschriftlich entwerfen können. Diese können dann mit einem Kopierer vervielfältigt werden.
Auf dem Flyer sollte alles stehen, was Sie anbieten und wie man Sie erreichen kann. Also Telefon- und Handynummer! Flyer können Sie entweder an

Haushalte verteilen oder auch in Geschäften oder Arztpraxen fragen ob sie diese dort auslegen dürfen. Je nachdem, welche Dienstleistung sie anbieten.

Bei einigen Dienstleistungen, wie z. B. Haustierbetreuung , Seniorenbetreuung oder Umzugshilfe und Haushaltshilfe, bietet es sich an, die schwarzen Bretter der Supermärkte zu nutzen! Folgende Supermärkte bieten diese Möglichkeit an den schwarzen Brettern „**Von Kunde zu Kunde**": bundesweit: Real, Rewe, Teegut und Edeka! Bei anderen Läden, kleinen Schreibwarengeschäften, Imbiss, Frisör usw. einfach mal fragen ob man aufhängen darf. Auch in Gaststätten sollte man fragen, ob man Werbung aufhängen oder auslegen darf.
Die Resonanz ist enorm. Diese Erfahrung habe jedenfalls ich selbst damit gemacht.

Es wird eine halbe DIN A 4 Seite bzw. DIN A 5 Seite mit Text bedruckt. Schreiben Sie dort drauf welche Dienstleistungen Sie anbieten und auch ihre Telefonnummern oder wie Sie sonst zu erreichen sind. Dann drucken sie Visitenkarten noch einmal mit Kurzbeschreibung der Tätigkeit und Ihren Telefonnummern. Die Visitenkarten auf normales Papier drucken und ausschneiden. Das ist billiger und auch leichter. Dann an nur einer Ecke an den unteren Rand der halben DIN A 4 Seite tackern oder mit Tesafilm befestigen. So bekommen Sie an eine halbe DIN A 4 Seite ca. 6 – 8 Visitenkarten. Die Interessenten oder Ihre späteren Kunden können sich nun ein Kärtchen abreißen- denn nicht jeder

Kunde hat einen Stift dabei um sich Ihre Daten aufzuschreiben. Nicht jeder hat Lust dazu sich unterwegs etwas aufzuschreiben.

Seien Sie kundenorientiert, machen Sie es Ihren Kunden einfach. Ihr Erfolg wird es Ihnen danken.

Nehmen Sie sich ruhig immer einen oder zwei Tage in der Woche, an denen Sie Ihre Werbung aufhängen.
Bitte oben auf das Blatt immer das Datum schreiben, da die Seiten nach zwei bis drei Wochen abgehängt werden.

Bei einigen Dienstleistungen ist das Aufhängen in Arztpraxen oder Tierarztpraxen sinnvoll. Dort wird es eigentlich meistens erlaubt oder sogar gern gesehen.
Andere Arten von Werbung werden in den nachfolgenden Geschäftsideen, je nach Notwendigkeit noch einmal angesprochen.
Ihr erstes wichtiges Standbein ist also die **Werbung!** Gutes **Marketing** bringt auch Erfolg.
Das Marketing ist ab jetzt Ihr ständiger Begleiter.
Auch wenn Sie die ersten Kunden haben, werden Sie auf ständige Werbung nicht verzichten können.
Sobald Sie hier nachlässig werden, ist es der Anfang vom Ende.

Pressemitteilungen

Machen Sie Ihr Gewerbe oder Ihre Produkte bekannt.

Um Werbung für Ihre Produkte oder Dienstleistungen zu machen, brauchen Sie keine teuren Anzeigen zu schalten. Machen Sie Pressemitteilung. Wenn Sie regionale Dienstleistungen oder Produkte anbieten, dann senden Sie diese an die regionale Presse Ihres Wohnortes. Bieten Sie überregionale Produkte und Dienstleistungen an, dann senden Sie die Pressemitteilungen an so viele Zeitungen, wie Sie nur finden können. Je mehr, desto besser. Die Adressen finden Sie im Internet unter „Tageszeitungen". Schauen Sie bei jeder Zeitung in das „Impressum" oder unter „Kontakte". Pressemitteilungen werden per Mail verschickt und das meist an die Redaktion. Manchmal ist auch eine Adresse für Pressemitteilungen im Impressum zu finden. Also, das Impressum immer sorgfältig und aufmerksam lesen!

Wie schreibe ich eine Pressemitteilung?

Da die Zeitungen täglich viele Pressemitteilungen erhalten, sollte die Pressemitteilung schon einen interessanten Betreff haben.

„Vorstellung eine Buches" wäre ein Betreff, den man **nicht** wählen sollte.

Es gelten für den Text spezielle Regeln, die man beachten sollte.

Der Text sollte nicht länger als eine Seite sein und der erste Absatz sollte die W-Fragen enthalten.

Das bedeutet zum Beispiel für die Pressemitteilung eines Buches:

Welches Thema hat das Buch?
Wie heißt der Buchtitel?
Wer ist der Autor?
Wann kommt das Buch auf den Markt und wo kann man es kaufen?
Taschenbuch oder Hardcover, wieviele Seiten?
Welche ISBN Nummer?
Welcher Verlag?

Im zweiten Absatz geht man dann näher auf den Inhalt des Buches ein. Der ganze Text sollte sachlich und ohne persönliche Wertung geschrieben sein.

Geschäftsideen

Dienstleistungen

Dienstleistungen in der Gastronomie

Servier-Service auf Feiern oder auch in Lokalen: Hierbei bieten Sie an auf privaten Feiern wie Hochzeiten, großen Geburtstagen usw. ihre Hilfe an. Sie servieren den Gästen Getränke und Essen, spülen Sie Geschirr usw..

Auch in Lokalen, Hotels und Kneipen können sie diesen Service anbieten. Die Resonanz wird unterschiedlich sein. Der eine ist froh jemanden zu bekommen, den er nicht als Angestellten führen muss, der andere wird ablehnen, da er lieber Fachpersonal hat. Bei privaten Feiern wird die Resonanz eher positiv sein. In diesem Bereich arbeitet man für 5 bis 8 Euro pro Stunde, kann auf privaten Feiern auch mehr sein. Die Preise müssen sie vorher vereinbaren. Bei Lokalen und Hotels fragen sie auch mal nach, was pro Stunde gezahlt wird.
Bedenken Sie: weniger ist manchmal mehr.

Erstellen und überreichen von Rechnungen:(gilt für alle Bereiche)
Ihre Rechnung für die von Ihnen erbrachte Dienstleistung überreichen sie sofort nach Ende des Tages oder der Woche. Unten auf der Rechnung sollte stehen zahlbar sofort. Möglichst gleich bar

auszahlen lassen.

Machen Sie bitte nie den Fehler, dem Kunden eine lange Zahlungsfrist einzuräumen. Das hat nichts mit Höflichkeit zu tun sondern sie wollen und müssen ja auch von Ihrer Arbeit leben. Ebenso haben sie ja Ihre Arbeit auch pünktlich, zuverlässig, gut und sofort erledigt.

Feiern organisieren:

Sie bieten einen Service an Feiern komplett zu organisieren. Je nach Wunsch des Auftraggebers organisieren Sie alles was zur Feier dazugehören soll. Die Tischdekoration, das Menü, das Lokal oder wenn die Feier in einem Gemeinschafts- oder Bürgerhaus stattfindet, dann organisieren Sie halt dort den Ablauf.
Sie können auch selbst servieren. Ihren Ideen sind hier keine Grenzen gesetzt. Wichtig ist hier ein guter Umgang mit Menschen und ein guter Geschmack. Auch Kindergeburtstage sind ein guter Markt. Vielleicht können sie ja auch gut animieren? Hier ist also vieles möglich!

Catering

Vielleicht kochen Sie gern und gut. Dann bieten Sie doch Catering an. Für viele private und offizielle Anlässe wird ein professionelles Catering benötigt. Auch hier können Sie erfolgreich sein. Wenn Sie gut sind, dann werden Sie auch weiterempfohlen. Das ist die beste Werbung, die man sich denken kann.

Feiern animieren:
Wenn Sie ein Instrument gut spielen gut singen und gut mit Menschen umgehen können, dann könnten Sie auch als Animateur oder Alleinunterhalter auf Feiern und Festen Ihr Geld verdienen.

Kindergeburtstage organisieren:

Sie können sich auch darauf spezialisieren Kindergeburtstage zu organisieren und auch die Animation zu übernehmen.

Verleih für Feiern:

Das ist die einzige Geschäftsidee bei der sie etwas Eigenkapital benötigen. Eine auch gute Idee ist der Verleih von Geschirr, Besteck, Dekoration, Tische und Stühle für Feiern.

Betreuungsdienstleistungen:
Tierpension, Haustierbetreuung:

Mache ich selbst seit über einem Jahr! Hier kann man sich auch aussuchen, was man gern machen möchte oder kann. Man kann Hunde, Katzen, Kleintiere bei sich zu Hause in Betreuung aufnehmen oder auch in die Wohnungen fahren und die Tiere dort betreuen. Ich mache beides und nehme auch alle Arten von Tieren in Pension. Man muss bedenken, dass ja nicht alle auf einmal

kommen sondern nacheinander.
Es gibt hier unterschiedliche Preiskalkulationen.
Für den Hund nehme ich 12 Euro pro Tag m.
Übernachtung und 10 Euro ohne Übernachtung. Für
die Katze 6 Euro am Tag.

Hundeschule, Welpenschule:

Ist heutzutage auch ein guter Markt, wobei
allerdings ein Qualifikationskurs erforderlich ist.

Betreuung älterer oder behinderter Personen:

Bieten Sie auch hier Ihre Dienste an, sei es als
Gesellschafter älterer oder behinderter Personen
oder auch als Hilfe im Haushalt. Oft suchen auch
Angehörige der älteren oder behinderten Personen
privat jemanden, da der gesetzliche Pflegedienst
diese Bereiche nicht abdeckt. Verdienst auch hier
ca. 5 – 8 Euro je Std.! Vielleicht auch mal mehr. Ich
überlasse es Ihrem Fingerspitzengefühl zu
entscheiden wer besonders zahlungskräftig ist oder
wer nicht. Wichtig: auch hier ist gutes Marketing der
Weg zum Erfolg. Also: Werbung in Arztpraxen
aufhängen, auslegen, oder in Supermärkten
aufhängen. Immer auf Zeitungsannoncen achten.
Diese Dienstleistungen werden auch manchmal
gesucht.

Selbstständig im Haushaltsbereich (selbstständig als Putzfrau):

Auch mit diesen Diensten können sie sich selbstständig machen. Der Markt hierfür ist groß und man kann auch hier ohne Ausbildung und ohne große Kosten einiges verdienen. Bieten Sie auch hier Ihren Service in der Zeitung an, verteilen Sie Flyer an Haushalte oder hängen Sie Ihre Werbung in den Supermärkten und Arztpraxen auf.
Achten Sie auch hier auf Zeitungsannoncen, da diese Dienstleistungen oft gesucht werden.
Bemühen Sie sich auch um Aufträge im Einzelhandel oder in Arztpraxen oder in Büros.
Oder überlegen Sie mal selbst, wo überall geputzt und aufgeräumt werden muss. Wichtig: Seien Sie immer freundlich, pünktlich und zuverlässig.

Bügeln;

Bieten Sie einen Bügelservice an. Spezialisieren Sie sich auf das Bügeln von Wäsche in Privathaushalten. Preise hier pauschal aushandeln.

Mobile Autoreinigung:

Bieten Sie kostengünstig die Innenreinigung von PKW´s an. Mobil heißt, sie gehen zum Kunden. Die Putzmittel und den Staubsauger (möglichst einen Akkusauger) müssen Sie natürlich mitbringen. Wie bei allem, was Sie anbieten machen Sie gute

Werbung, damit Sie bekannt werden. Hierfür könnten Sie je nach Verschmutzungsgrad einen Pauschalpreis von 15 bis 20 Euro nehmen. Wenn Sie gut handeln können. auch mehr.

Gartenarbeit:

Diese Tätigkeit ist zu fast allen Jahreszeiten ein großer Markt für Dienstleister. Schauen Sie regelmäßig ins Internet, in die Zeitung oder in die örtlichen Kleinanzeiger. Verteilen Sie selbst Flyer oder hängen Sie Werbung auf. Fragen Sie in Läden, Arztpraxen, beim Frisör usw. ob Sie Werbung aufhängen dürfen. Merken Sie sich: Das **A** und **O** des Erfolgs ist Ihr **Marketing**. Schauen Sie auch in Ihre Tageszeitung, oft werden diese Dienstleistungen auch gesucht.

Seien Sie immer flexibel und sofort einsatzbereit. Teilweise benötigen Sie Gartengeräte, oft werden Ihnen die Gartengeräte auch zur Verfügung gestellt. Jeder der einen Garten hat, besitzt natürlich auch die entsprechenden Gartengeräte.
Beim Aushandeln des Stundenlohns zeigen Sie Fingerspitzengefühl. Nach erledigter Arbeit stellen sie sofort die Rechnung aus. Hier gibt es auch fertige Blöcke mit Rechnungsformularen zu kaufen. Sie bekommen diese in jedem Schreibwarengeschäft. Lassen Sie sich Ihre Arbeit immer sofort bar bezahlen. Es sei denn, Sie haben einen langjährigen Stammkunden der seit Jahren am Ende jeden Monats bezahlt.

Handwerkliche Dienstleistungen
Umzugshelfer:

Sie helfen bei Umzügen nach Stundenlohn. Lassen Sie sich nach Erledigung der Arbeit Ihr Geld sofort auszahlen.

Renovieren, Tapezieren, Streichen:

Wird oft gesucht. Schauen Sie doch mal regelmäßig in die Zeitung oder geben Sie Anzeigen auf. Sonst übliche Werbung über Flyer oder Aufhängen an Supermärkten.
Wenn Ihnen diese Tätigkeiten liegen, dann können Sie hier auch ganz gutes Geld verdienen.
Versuchen Sie es mal mit 8 – 10 Euro pro Std. .
Vielleicht ist ja auch noch mehr drin.
Hausmeisterservice:
Wird oft gesucht. Sind Sie handwerklich geschickt, werden Sie Hausmeister in mehreren Häusern.
Fragen Sie auch bei Hausverwaltungen nach.

Kaufmännische Dienstleistungen:

Verkaufen im Einzelhandel:
Werden Sie selbständiger Verkäufer oder Verkaufsberater. Bieten Sie
Ihre Dienste zB. In Möbelhäusern oder Baumärkten an. Dort wird so etwas gelegentlich gesucht.
Hauptsächlich gesucht wird dieser Service in

Möbelhäusern. Versuchen Sie es!
Sind Ihnen beim Einkaufen auch schon die vielen
Schilder aufgefallen wie z. B. Verkäuferin gesucht,
Aushilfe stundenweise gesucht usw., na dann nichts
wie hin. Bieten Sie Ihre Dienste an.

Schreiben Sie die Unternehmen an. Erstellen Sie
eine Bewerbungs- oder Präsentationsmappe und
bieten Sie schriftlich Ihre Dienstleistungen an.
Innerhalb von 14 Tagen nach Anschreiben der
einzelnen Firmen, setzen Sie sich ans Telefon und
fragen Sie noch einmal telefonisch nach. Versuchen
Sie einen persönlichen Gesprächstermin zu
bekommen. Wenn Sie das nicht tun, landet Ihr
Schreiben oft in einer Ablage und Sie werden
vergessen. Außerdem erfahren Sie nur so, welche
Resonanz Ihr Anschreiben erreicht und wie
gründlich es gelesen wurde.

Wichtig: Bevor Sie die Firmen anschreiben,
erkundigen Sie sich immer telefonisch wer für die
Personalleitung zuständig ist. Bitte immer ganz
gezielt anschreiben.

Bürodienstleistungen:

Wenn Sie im Büro und EDV-Bereich fit sind, dann
bieten Sie auf selbständiger Basis Büroarbeiten
an. Sie können Schreibarbeiten anbieten oder wenn
Sie weitergehende Kenntnisse besitzen auch die
Belege in der Buchhaltung vorkontieren, die
laufende Buchhaltung eingeben und die BWA´s
(Betriebswirtschaftliche Auswertungen) vorbereiten.

Diese Dinge dürfen Sie tun. Sie dürfen nur, wenn Sie kein Bilanzbuchhalter sind, keine Abschlüsse erstellen, auch wenn Sie dieses vielleicht können. Hier gehen Sie wieder folgendermaßen vor: Erstellen Sie sich Visitenkarten, fertigen Sie Präsentationsmaterial an, also eine Präsentationsmappe.

Ganz wichtig: Ihre Unterlagen müssen **Top** sein!!, Fehler in der Rechtschreibung sind hier unverzeihlich).

Überlegen Sie welche Firmen könnten Bedarf an Hilfen haben die Schreibarbeiten übernehmen. Wo wird generell viel geschrieben?

Gern gebe ich Ihnen auch hier einige Tipps: Arztpraxen: Hier wird generell viel geschrieben. Auch medizinische Gutachten werden dort oft geschrieben. Wenn Sie medizinische Gutachten schreiben, dann ist es wie ein festes Einkommen. Viele Ärzte arbeiten regelmäßig als Gutachter und vielleicht haben sie dann pro Woche 4 bis 6 Gutachten zu schreiben. Bezahlt werden Sie in diesem Fall vom Medizinischen Dienst oder von den Berufsgenossenschaften. Denen schreiben Sie dann eine Rechnung. Versuchen Sie also möglichst auch solche Aufträge zu bekommen. Man kann sich auch ohne medizinische Kenntnisse leicht in diese Materie einarbeiten. Angebracht ist hier die Anschaffung eines Pschyrembls, das ist ein medizinisches Wörterbuch.

Rechtsanwälte benötigen auch oft Aushilfen.

Machen Sie sich eine Adressensammlung Ärzte, Rechtsanwälte, Firmen aus Ihrer Umgebung. Bieten Sie an, entweder stundenweise als Honorarkraft dort in die Büros zu kommen oder auch die Arbeit von zu Hause aus zu erledigen. Bieten Sie beides an. Weisen Sie darauf hin, welche Vorteile das Unternehmen durch Sie hat. Sie sind immer sofort bereit in Urlaubszeiten oder bei Krankheit von Mitarbeitern einzuspringen. Weiterer Vorteil, die Unternehmen haben Ihnen gegenüber keine sozialen Verpflichtungen, keine Lohnfortzahlung im Krankheitsfall, kein bezahlter Urlaub.

Ihr Honorar:

Für Schreibarbeiten können Sie pro DIN A 4 Seite ca. 1,80 – 2,00 Euro nehmen.
In der Buchhaltung ca. 25 Cent pro Buchung.
Oder Sie einigen sich auf eine Pauschale.

Hausverwaltung:

Sind Sie fit in Nebenkostenabrechnungen? Dann bietet sich Ihnen auch noch den Bereich der Hausverwaltung. Sie benötigen dafür keine nachweisbare Qualifikation. Sie sollten aber im Bereich Mietrecht und Nebenkostenabrechnungen sehr gute Kenntnisse haben und immer auf dem neuesten Stand sein. Wenn Sie sich gut vermarkten können, dann bekommen Sie auch Kunden.

Bieten Sie Hausbesitzern Ihre Dienste an. Viele Hausbesitzer sind froh, wenn Sie jemanden haben, der Ihnen die Nebenkostenabrechnungen macht. Bewerben Sie sich bei großen Wohnungsbaugesellschaften. Wenn Sie diese Großkunden bekommen, dann haben Sie in der Regel ausgesorgt.
Bieten Sie diese Dienstleistungen
an oder schauen Sie in Ihre örtliche Tageszeitung.
Oft werden Dienstleister gesucht, die Nebenkostenabrechnungen übernehmen.

Pro Wohnung können Sie hier eine monatliche Pauschale von bis zu ca. 20 Euro nehmen.

Online Office – Home Office

Eröffnen Sie zusätzlich ein **Online Office.**
In der heutigen Zeit ist fast jeder mit dem Internet verbunden. Sie können Ihre Bürodienstleistungen auch im Internet überregional anbieten. Hier ist es zwingend eine eigene Webseite zu haben. Diese können Sie als Standardseite fertig bei unterschiedlichen Anbietern im Internet für monatlich ca.
40 bis 50 Euro kaufen. Sie benötigen keine Web-Design-Kenntnisse sondern geben lediglich Ihre Daten ein.
Eine gute Lösung für alle, die über die normalen

Anwenderkenntnisse verfügen.

Bieten Sie nun Ihre Dienste an. Suchen Sie überregional Adressen von Firmen, Ärzten und Rechtsanwälten. Schreiben Sie diese möglichst per Post an und wie immer fragen Sie innerhalb von 14 Tagen telefonisch nach. Hier kommt es darauf an, wie Sie am Telefon agieren.

Sie müssen sich gut verkaufen können. Das ist der Weg zum Erfolg. Seien Sie selbstbewusst, aber kundenorientiert.
Wenn Ihnen die Büroarbeiten nicht liegen, dann versuchen Sie es mit Internetauktionen. Verkaufen Sie Waren im Internet.

Im Anhang finden Sie ein Unternehmenskonzept als Beispiel für Internetauktionen! Ein solches lässt sich für jedes von Ihnen angestrebte Gewerbe nach diesem Muster erstellen.

Textagentur

Das Internet bietet immer wieder neue Märkte, die man beruflich nutzen kann. Täglich werden neue Internetpräsenzen in das Netz gestellt. Wer die Deutsche Sprache gut beherrscht und gute Texte schreiben kann, der kann auch hier erfolgreich sein und als freiberuflicher Autor für Texte gutes Geld verdienen.

Kunden findet man online in vielen Jobbörsen, denn gute Schreiber werden immer gesucht. Auch die Contentbroker, die online immer zahlreicher werden, bieten gute Möglichkeiten Aufträge zu bekommen. Wer sich bei einem Contentbroker als Autor anmeldet, der wird in eine Leistungsstufe eingegliedert, da die geschriebenen Texte vom Kunden und vom Contentbroker geprüft und bewertet werden. Je besser die Texte werden, desto höhere Stufen kann man erreichen. Dem entsprechend ist auch die Bezahlung in den höheren Stufen besser.

Versuchen Sie doch mit Werbung Geld im Internet zu verdienen!

Verdienen Sie Geld als Affiliate mit Werbeseiten im Internet. Hierzu benötigen Sie eine Domain und lassen sich eine einfache Webseite erstellen oder Sie entwerfen die Seite selbst. Dazu gibt es Software mit der Sie auf einfache Art und Weise, selbst Seiten erstellen können. Hierfür benötigen Sie keine Programmierkenntnisse.
Dann melden Sie sich bei Partnerprogrammen wie zB. Adbutler.de oder Zanox.de an. Dort können Sie sich mit Ihrer Seite um Werbepartner bewerben.
Teilweise werden Sie zwischen 10 und 30 Prozent am Umsatz beteiligt. Was Sie sich heraussuchen entscheiden Sie selbst. **Vergessen Sie auf Ihren Webseiten bitte nie die AGB´s, Haftungsausschluss** usw.. Holen Sie sich hierfür rechtskundigen Rat.

Kostenlose Online-Shops

Vielleicht möchten Sie einen eigenen Online Shop oder ein eigenes Online Reisebüro eröffnen. Siie haben keine

Kosten, denn es gibt durchaus kostenlose Online-Shops, die Sie auch gewerblich nutzen dürfen. Die Anzahl der Artikel ist dann zwar auf einige hundert Artikel beschränkt, doch diese muss man ja erst einmal auch haben. Ideal ist der kostenlose Shop für alle, die selbst etwas herstellen und das dann auch entsprechend vermarkten möchten. Vielleicht stricken Sie gute Pullover und verkaufen sie dann in Ihrem Shop.
Sie können aber auch Waren ankaufen und verkaufen. Den Shop können Sie nach Ihren Wünschen gestalten und außerdem ist der Shop für Suchmaschinen optimiert. Solche Möglichkeiten finden Sie zum Beispiel unter **kostenloser Shop.com** oder als Suchwort bei Google **„kostenlose Online-Shops"** eingeben.

Gründen Sie doch Ihr eigenes Online Reisebüro!

Sie können ein eigenes Online Reisebüro im Internet führen. Das Reisebüro bekommen Sie ebenfalls kostenlos im Web. Suchen Sie bei Google unter „kostenloses Online Reisebüro. Sie benötigen eine Domain mit Webspace und Ihre Aufgabe ist es dann, die Seite so gut wie möglich zu vermarkten. Eine Domain mit Webspace bekommen Sie für 3 bis 5 Euro im Monat. Mehr Kosten fallen nicht an. Dafür können Sie selbst von der Seite profitieren, denn auch für selbst gebuchten Urlaub kassieren Sie jede Menge Provision. Schauen Sie sich verschiedene Portale an. Die meisten bieten gute Provisionen und meist haben Sie Zugriff auf alle Reiseveranstalter.

Haben Sie schon daran gedacht, eine Trennungsagentur zu gründen?

Bieten Sie einen Service an für diejenigen, die sich von Freund, Freundin oder Verlobter bzw. Ehefrau (-mann) trennen wollen, aber Probleme damit haben es selbst zu sagen. Wenn Ihnen das gefällt, bieten sie diesen Service an.

Nehmen Sie hier unterschiedliche Preise für:
- Schriftliche Benachrichtigung
- Entwerfen Sie hier unterschiedliche Anschreiben, dann kann der Auftraggeber sich eines Aussuchen.

- Für ein einfaches höfliches Anschreiben könnten Sie ca. 10 Euro nehmen.
Telefonische Benachrichtigung
Preis ca. 15 Euro
oder persönliche Benachrichtigung
Im nahen Umkreis ca. 25 bis 30 Euro, dann gestaffelt nach Entfernung. Sie fahren zu dem/der Betreffenden hin und überbringen die Nachricht. Sie können auch anbieten mit oder ohne Abschiedsgeschenk (Blumen etc.). Lassen Sie Ihren Ideen freien Lauf.
Dieses Gewerbe lässt sich auch noch erweitern zB. wichtige geschäftliche oder private Termine absagen, weil der der Betreffende überraschend geschäftlich ins Ausland reisen musste und daher selbst verhindert ist. Oder überlegen Sie, was ihnen

dazu noch alles einfällt.

Wichtig: Arbeiten Sie hier nur auf Vorkasse!

Wenn Sie mit PC, Internet und kaufmännischen Dingen nicht so gut umgehen können!

Künstlerischer Bereich:

Vielleicht liegt Ihnen der künstlerische Bereich?

Musik:

Spielen Sie ein Instrument sehr gut, dann geben Sie doch Musikunterricht.
Oder Sie spielen ein Instrument und können gut singen? Wenn Sie gern vor Publikum singen, dann versuchen Sie es als Animateur oder Alleinunterhalter auf Feiern.

Malerei:

Wenn Sie gut malen oder zeichnen, dann versuchen Sie doch Ihre Bilder auf Ausstellungen oder im Internet anzubieten.

Töpfern, Handarbeiten, oder ähnliches:

Alles was Sie gut, also wirklich gut können, lässt sich auch vermarkten. Sie müssen es und sich nur gut verkaufen.

Schreiben:

Sie schreiben gern? Versuchen doch das zu Ihrem Beruf zu machen. Egal was Sie schreiben, Gedichte Sachbücher, Romane. Haben Sie keine Hemmungen.
Bieten Sie Ihre Werke den unterschiedlichen Verlagen an oder nutzen Sie die preiswertere Art im Print of Demand Verfahren. Ihre Werke sind gegen einen geringen Preis, der meist unter 100 Euro liegt in den meisten Online-Shops oder in den meisten Buchhandlungen per Bestellung erhältlich. Gedruckt wird erst, wenn eine Bestellung vorliegt. Daher ist dieses Verfahren so preiswert.

Sie fotografieren gern?

Auch daraus können Sie etwas machen. Einen Fotokalender oder ein Fotobuch. Schauen Sie im Internet nach Verlagen im Print of Demand Verfahren. Dort können Sie Ihre eigenen Bücher, Kalender und Texte oft preiswerter verlegen, als bei den größeren Verlagen.

Spiele erfinden:

Sie haben viel Fantasie und spielen gern? Vielleicht haben Sie eine gute Idee für ein Spiel, das es noch nicht gibt. Wenn Ihre Idee ausgereift ist, dann fertigen Sie ein Muster an und sichern sich zunächst die Rechte beim Patentamt. Spiele sind Geschmacksmuster. Dann können Sie Ihr Spiel namhaften Spieleherstellern anbieten.

Transport, Immobilien

Kurierdienste:

Wenn der künstlerische Bereich nicht für Sie
geeignet ist, dann bieten Sie Kurierdienste an.
Entweder an privat oder auch Firmen.
Nutzen Sie ihren PKW oder auch Ihr Fahrrad.
Schauen Sie in die Zeitung oder bieten Sie nach
den vorstehend schon beschriebenen Methoden
diese Dienste an.

Immobilien:

Haben Sie schon daran gedacht Wohnungen oder
Häuser zu vermieten oder zu verkaufen? Die
dazugehörigen Kenntnisse können Sie sich gut
aneignen indem Sie andere Makler ansprechen und
einige Zeit freiberuflich dort mitarbeiten. Wenn Sie
meinen, dass Sie hierfür fit sind, dann müssen Sie
die Maklererlaubnis nach Paragraph 34 c erwerben.
Die bekommen Sie relativ leicht, wenn Ihr
polizeiliches Führungszeugnis in Ordnung ist, sie
keine Schulden beim Finanzamt haben und sich
auch sonst nichts haben zu Schulden kommen
lassen. Fragen Sie bei Ihrer Gemeinde, wo Sie
diese Erlaubnis bekommen. Meistens gibt es die
beim Ordnungsamt. **Kosten ca. 300 – 400 Euro**.
Das ist eine gute Möglichkeit mit recht geringem
Kostenaufwand auch gleich etwas mehr Geld zu
verdienen.

Auch hier gilt, der frühe Vogel fängt den Wurm. Seien Sie hier flexibel und allzeit einsatzbereit, dann werden Sie auch hier erfolgreich sein.

Sollte bei den Geschäftsideen für Sie nicht das richtige dabei gewesen sein, dann hoffe ich, dass ich Sie auf eine gute Idee gebracht habe und Ihnen weitere Geschäftsideen einfallen. Manchmal muss man erst Anregungen von außen bekommen, um dann eigene Ideen zu entwickeln.

Nachfolgend finden Sie ein Geschäftskonzept. Hier sind die Planungen und Vorüberlegungen, die man für jedes Gewerbe machen sollte. Als Beispiel wurden hier Internetauktionen als Geschäftsideen geplant. Dieses Geschäftskonzept können Sie für jedes Gewerbe nutzen, denn die Vorüberlegungen und Planungen sind immer gleich.

Nachdem Sie selbst ein solches Geschäftskonzept erstellt haben, ist der nächste Schritt der Businessplan. Wei nicht jeder gute Excelkenntnisse hat, kann man diesen Businessplan auch fertig aus dem Internet laden. Einfach die eigenen Zahlen eingeben und fertig. Mit dem Businessplan beweisen und überprüfen Sie, wie rentabel das von Ihnen geplante Unternehmen ist. Liquiditätsplan und Kapitalbedarf der ersten drei Jahre können so berechnet werden.

Über Google „Businessplan" suchen findet man einiges. Auch bei www.xinxii.com gibt es Businesspläne zum Download.

Unternehmenskonzept von

Melanie Muster

Inhaltsverzeichnis

1 Unternehmensführung

1.1 Ausgangssituation

In diesem Jahr ist mit einem grossen Wirtschaftswachstum wohl kaum zu rechnen. Auch im Einzelhandel lässt sich eine allgemeine Zurückhaltung der Kunden erkennen. Im Internethandel dagegen, ist keine grosse Zurückhaltung der Kunden zu spüren. Besonders seit der Einführung des Euro, zeigt sich der Internethandel eher expandierend.

Dieses zeigen besonders meine eigenen Erfahrungen, da ich mich seit August 2001 sehr intensiv mit dem Handel im Internet beschäftigt habe. Wie ich bei Testverkäufen, die ich seitdem vornehme, feststellen konnte, ist der Umsatz im Internet sehr stabil, dh, es lassen sich keine großen Schwankungen nach unten feststellen. Es hat sich sogar, je nachdem was ich verkaufte, schon eine Stammkundschaft gebildet. Seit der Einführung des Euro, lässt sich sogar eine expandierende Tendenz feststellen, da der europaweite Markt nun spürbar wird. Man ist hier, anders als im Einzelhandel, nicht nur von der Konjunktur im Inland abhängig. Ebenso sollte man bedenken, dass der Verkauf nicht zu einer bestimmten Tageszeit erfolgt, sondern rund um die Uhr, auch Feiertags und Sonntags. So ist man hier dem herkömmlichen Einzelhandel überlegen, denn hier im Internet kann ich dem Kunden jederzeit als kompetenter Ansprechpartner zur Verfügung stehen.

1.2 Geschäftsidee

Verkauf von Waren im Internet, hauptsächlich an Endverbraucher (Stammkundschaft und Laufkundschaft), aber auch an Gewerbetreibende. Der hauptsächliche Verkauf der Waren erfolgt über Internetauktionen bei einem weltweit bekannten und expandierenden Internetauktionshaus. Dieses Auktionshaus bietet weiterhin die Möglichkeit Waren auch über Internetshops anzubieten.

Erläuterungen

Die Ware wird in der Verkaufseingabemaske zu einem vom Verkäufer festgelegten Preis (Startpreis) und für eine bestimmte Dauer (3 T. , 5 T., 7 T. o. 10 T.) eingestellt. Das Auktionshaus nimmt hierfür eine Einstellgebühr und bei Verkauf zzgl. 4 % Provision. Dies zahlt der Verkäufer.

Wichtig ist hier die erstklassige Präsentation der Ware, mit eingehender und ausführlicher Warenbeschreibung. Zu jeder Warenbeschreibung, gehört ein einwandfreies Foto. Es sollte auf jeden Fall nicht an der Kamera gespart werden.
Bestandteil jeder Warenbeschreibung sind auch die Zahlungs- und Versandbedingungen. Die Versandkosten gehen immer zu Lasten des Kunden. Meine persönlichen Erfahrungen haben gezeigt, dass es sich hier bezahlt macht, wenn man sich bemüht die wirklich günstigsten Versandkosten für den Kunden herauszusuchen. Hat der Kunde mehrere Waren zu ungefähr der gleichen Zeit ersteigert, sollte man ihn darauf hinweisen, dass er nun einmal Versandkosten gespart hat. Der Kunde kauft gern dort, wo man sich um ihn bemüht und wo er auch sparen kann. Dies bedeutet, dass man die Auktionen ständig beobachten sollte.

1.3   Mission und Vision

Meine Mission:	Aufbau einer stabilen und sicheren Existenz durch den Handel mit Waren im Internet, zunächst konzentriert auf bestimmte Waren in unterer und mittlerer Preisklasse. Vorläufige Zielgruppe sind Endverbraucher im Inland und in Europa.
Meine Vision:	Mein Ziel ist der weltweite Handel im Internet. Es könnten weitere Warengruppen, wie z. B. Grossgeräte o. Antiquitäten, hinzukommen. Letzteres lässt sich auf dem amerikanischen Kontinent sehr gut verkaufen. Als zweites Standbein könnte man auch für unterschiedlichen Firmen Waren auf Provisionsbasis verkaufen. Weiterhin könnte auch die Hinzunahme eine Grosshandels erfolgen. Dieser Grosshandel vermarktet seine Produkte ebenfalls im Internet. Diese Vermarktung würde über die grossen entsprechenden Internetanbieter erfolgen. Positiver Nebeneffekt wäre, dass mein Unternehmen die Waren in den Internetauktionen noch preiswerter anbieten könnte, da die Waren vom eigenen Grosshandel bezogen werden. Dieses wäre dann auch der Zeitpunkt die Rechtsform des Unternehmens vielleicht in eine GmbH umzuwandeln.

1.4 Strategie

Waren in unterer und mittlerer Preisklasse lassen sich im Internet schnell und problemlos umsetzen, da bei den Auktionen auch sehr viel Neukundschaft bzw. Laufkundschaft zu finden ist. Diese Kunden kaufen anfangs gern die preiswertere Ware, da hier das finanzielle Risiko geringer ist. Aus dieser Neukundschaft bildet sich aber wieder ein gewisses Potenzial an Stammkundschaft heraus.

Bei den Waren in unterer und mittlerer Preisklasse ist natürlich auch das Risiko des Unternehmers geringer, da dieser seine Waren schnell umsetzen kann und so kein langfristiges Kapital vorhalten muss. Hierbei darf man aber die Qualität der Ware nicht aus den Augen verlieren. Bei preiswerter Ware muss die Qualität nicht unbedingt minderwertig sein.

1.5 Management (Gründer und Partner)

Das Unternehmen werde ich allein gründen und führen. Ich bin ausgebildete EDV-Fachfrau und habe aber auch sehr gute Kenntnisse in den Bereichen Betriebswirtschaft, Buchhaltung, da ich auch schon als Angestellte in einem Steuerbüro tätig war. Von 1994 – 1999 war ich selbständig im Bereich Bürodienstleistungen. D. h. ich hatte feste Kunden, für die ich Büroarbeiten daheim am eigenen PC erstellt habe. Dieses war allerdings von Anfang an nicht als Existenz gedacht, sondern immer nur als Nebeneinkunft. Steuerliche Dinge habe ich selbst erledigt. Dieses Gewerbe ist allerdings sehr Konjunkturanfällig und die Entgelte sind sehr gering. 1999 meldete ich mein Gewerbe ab. Nach dieser Zeit beschäftigte ich mich mehr mit Weiterbildungen im Bereich des Internet. (Web Design etc.).

Im August 2001 las ich im Stern einen sehr interessanten Artikel über erfolgreiche Powerseller bei Internetauktionen.

Dieser Artikel bewirkte, dass ich mich am gleichen Tag zuhause an den PC setzte und mich bei diesem Internetauktionshaus registrieren liess. Nach einigen Stunden eingehender Beobachtung, stellte ich einfach die ersten Sachen ein z.B. meine Grundig Stenoretten, Kleidung, die man sich mal gekauft hatte, aber doch nie o. kaum getragen hatte etc.. Ich verkaufte an einem Wochenende 28 Artikel. Das hatte meine Erwartungen übertroffen. Seitdem habe ich regelmässig unterschiedliche Artikel getestet und festgestellt, dass man im Internet einfach sehr gut verkaufen kann.

Diese Testphase von 8 Monaten hatte auch noch weitere Vorteile:

8. Am Anfang werden viele Fehler gemacht, da bestimmte Artikel zu hoch eingestellt werden (mit zu hohem Startpreis) und deshalb die Einstellgebühren zu hoch sind.
9. Ist der Startpreis zu hoch, reizt es die Bieter nicht zum bieten. – Also keine Angst vor Startpreis 1 Euro!-
10. Gute Fotos und der richtige Text. Wie wirkt die Ware am besten, in welchem Stil schreibe ich den Angebotstext.
11. Welche Waren werden gekauft?
12. Jeder macht Fehler. Wie gehe ich mit Fehlern um.
13. Selbsttest: Bin ich bereit für diesen Stress? Bin ich auf Dauer glücklich damit auch spät abends und an Wochenenden und Feiertagen viel zu arbeiten?
14. Beobachtungsphase: Was machen andere Anbieter falsch, wie kann ich das besser machen.

15. Sicher werden im Umgang mit dem Kunden. Ist meine Ware gut? Ist meine Ware gut beschrieben, kaufen die Kunden überhaupt etwas bei mir.

Wie erfolgreich man hierbei ist liegt natürlich an jedem selbst, denn der Erfolg ist schon abhängig von der Warenpräsentation und von Kommunikation mit dem Kunden. Jede Anfrage sollte auch schnell beantwortet werden, d. h., man ist auch spät abends,am Wochenende und Feiertags am PC und steht dem Kunden mit kompetenter Beratung zur Verfügung. Ist die Ware bezahlt, muss sie dem Kunden umgehend zugeschickt werden, d. h., am gleichen Tage des Zahlungseingangs, spätestens jedoch am nächten Tag. Sehr wichtig ist auch das Bewertungssystem im Internet. Es ist sozusagen der Leumund eines jeden Kunden oder Verkäufers. Nach Geschäftsabwicklung bewertet der Kunde den Verkäufer und drückt so seine Zufriedenheit bezüglich der Ware, Lieferung und Beratungskompetenz des Verkäufers aus. Der Verkäufer bewertet den Kunden ebenfalls hinsichtlich seiner pünktlichen Zahlung etc. Es gibt es positive, neutrale, und negative Bewertungen und eine zusätzliche Kommentarzeile.

1.6 Rechtsform

Dieses Unternehmen wird zunächst als Einzelunternehmen gegründet.

1.7 Berater

Für die Anfangszeit habe ich als Berater meinen Coach, Herrn Markert, vom Existenzgründungszentrum.
Steuerliche Dinge mache ich selbst.
In Versicherungsfragen berät mich mein Mann, der ausgebildter Versicherungsfachmann ist.

2 Produktentwicklung

2.1 Kernkompetenz des Unternehmens

Der Verkauf von Waren über Internetauktionen und Internetshops bei einem weltweit bekanntem Auktionshaus. Waren werden bei Grosshändlern angekauft. Die Lagerung der Waren findet auf dem eigenen Firmengelände statt. Zielgruppe ist zum grossen Teil der Endverbraucher. Diese Zielgruppe besteht zu 90 % aus Laufkundschaft. Daher werden Waren in unterer und mittlerer Preisklasse angeboten.
Es ist geplant folgende Produktgruppen anzubieten:
Armbanduhren,
Gold- und Silberschmuck,
Jeans,
Kameras.
Zeitweilig werden auch Geräte wie z.b. Radiorekorder oder Kompaktanlagen angeboten.
Diese Produkte werden im Firmeneigenen Haus gelagert.
Die Entscheidung zum Angebot der vorstehenden Produktgruppen entstand durch die grosse Nachfrage und auch durch den vorhandenen Lagerplatz. Ebenso aber durch günstige Angebote der Lieferanten.

2.2 Produktgruppen und Endprodukte

Produktgruppe	Endprodukte
PG 1 Schmuck	•1 Ketten, Silber mit Anhänger •2 Ringe Silber •3 Ringe Edelstahl m. Gold u. Zirkonia •4

PG 2	•5 Digitale Kameras
Fotoapparate	•6 Analoge Kameras
	•7
	•8
PG 3	•9 Armbanduhren mit Lederarmband
	für Damen u. Herren
Uhren	
	Metallarmbanduhren für Damen
	und Herren
	Armbanduhren von Camel,
	Casio u. Fossil
	•10 Fliegeruhren
PG 4	•11
	•12
Hifi	•13 Radiorekorder
	•14
PG 5	•15
	•16
	•17
	•18

3 Marketing und Vertrieb

3.1 Situationsanalyse

Der Handel im Internet gegenüber dem herkömmlichen Einzel-
und Versandhandel insoweit überlegen, da er nicht von der
Konjunktur im Inland abhängig ist. Der Internethandel ist stabil
bis expandierend, da die Produkte oft preiswerter angeboten
werden als im herkömmlichen Handel.

45

3.1.1 Branche

Die Branche expandiert. Das Auktionshaus hat im letzten Jahr seinen Gewinn verdreifacht.

Händler, die in diesem Auktionshaus ihre Ware verkaufen, machen 15.000 Umsatz.

3.1.2 Markt

Der Markt im Internet ist vorhanden. Die Produkte sind begehrt. Nach eingehender Marktbeobachtung und Auswahl der richtigen Produkte, wird das Interesse des Kunden duch optische und preisliche Vorteile der Ware geweckt. Interessant sind alle Kunden ab 18 Jahren, die einen Internetanschluss haben.

3.1.3 Konkurrenz

Konkurrenz sind alle Anbieter von Waren (ausser Lebensmittel) die an den Endverbraucher verkaufen wie z. B. Einzel- und Versandhandel, aber auch andere Internetanbieter.

3.2 Zielgruppen

Zielgruppen sind Endverbraucher (Laufkunden und Stammkunden) aller Altersklassen und Geschlechter (ab 18 J.) mit Internetzugang, zunächst in ganz Deutschland, aber auch in der gesamten EU. Später auch weltweit.

3.3 Kundennutzen

Der Kunde spart Zeit, hat mehr Freizeit und kann beim Einkaufen entspannen:

Im Internetauktionshaus findet der Kunde mehr Artikel auf einen Blick, als in irgendeinem Versandhaus oder Einzelhandelsgeschäft. Er hat mehr Freizeit, denn er muss nicht mit dem Auto irgendwohin fahren, Parkplatzsuche entfällt. Auch Berufstätige kann einkaufen, wenn er Zeit hat und muss nicht warten bis er Urlaub bekommt. Ladenschlusszeiten gibt s hier nicht. Der Einkauf kann zu jeder Tages- und Nachtzeit erfolgen.

Der Kunde spart Geld durch günstiges Einkaufen:

Die Ware wird im Internet günstiger angeboten als im Einzel- oder Versandhandel. Dies ist möglich, weil die Unternehmenskosten wesentlich geringer sind. Auch ist im Internetauktionshaus ein Preisvergleich in kurzer Zeit möglich. Das ist im Einzelhandel nicht gegeben. Zwar haben grosse Einkaufsmärkte auch Internetseiten aber die sind leider bei allen sehr dürftig. Es sind immer nur einige Produkte aufgeführt, aber nicht das ganze Sortiment.

Mehr Spass und gesünderes Einkaufen:

Einkaufen als Entspannung, ohne stressige Parkplatzsuche und Gedränge an der Kasse.
Alle Fragen des Kunden werden sofort beantwortet, fast rund um die Uhr.
Der Kunde ist wirklich König.
Mehr Spass durch ersteigern der Ware, denn Ersteigern kann mehr Spass machen als Kaufen.

3.4 Kundengewinnung

Die Werbung macht in diesem Fall das Internetauktionshaus. Es gibt im Internet fast keine Seite ohne dessen Werbung. Allein in Deutschland hat es monatlich ca. 2,4 Millionen Kunden. Es macht auch Werbung für mein Unternehmen und unterstützt mich bei Erfolg auch mit genügend Werbematerial. Auf den Seiten, auf denen ich meine Auktionen habe, läuft automatisch mein Shop mit.
Sollte ein Kunde meinen Shop besuchen, kann er aber auch meine ganzen Auktionen dort sehen und mitbieten.

Die Shops der erfolgreichsten Unternehmen setzt das Auktionshaus gut sichtbar oben auf seine Homepage.
Da ich aber auch eine eigene Domain habe, kann dort auch einen Link zu meinem Shop machen.

3.4.1 Vertriebswege

Direktvertrieb:
Der Kunde kommt an meine Ware nur über das Internet. Er hat die Möglichkeit die Ware entweder zu einem Festpreis in meinem Shop zu kaufen oder er bietet in meinen Auktionen.

3.4.2 Foren

IHK

3.4.3 Multiplikatoren

Wird nicht benötigt

3.4.4 Konditionen

Wer mehrere Artikel gleichzeitig kauft, spart Versandkosten.

3.4.5 Werbung

Die Werbung macht in diesem Fall das Internetauktionshaus. Es gibt im Internet fast keine Seite ohne dessen Werbung. Allein in Deutschland hat es monatlich ca. 2,4 Millionen Kunden. Es macht auch Werbung für mein Unternehmen und unterstützt mich bei Erfolg auch mit genügend Werbematerial. Auf den Seiten, auf denen ich meine Auktionen habe, läuft automatisch mein Shop mit.
Sollte ein Kunde meinen Shop besuchen, kann er aber auch meine ganzen Auktionen dort sehen und mitbieten.

Die Shops der erfolgreichsten Unternehmen setzt das Auktionshaus gut sichtbar oben auf seine Homepage.
Da ich aber auch eine eigene Domain habe, kann dort auch einen Link zu meinem Shop machen.

3.5 Marketingplan

Marketingplan wird nicht benötigt.

Aktion	Zeitraum	Aufwand in Tagen	Kosten in €	
			Einmalig	Monat lich
Summe				

3.6 Umsatzeinheit für die Kalkulation

Empfänger der Rechnung (Kunde)	verkaufte Dienstleistungen / Produkte	Umsatzei
B. Maier	1 Armbanduhr 35,00 € zzgl. Versandkosten 2,25 €	1 = Warenver-kauf
C. Bertram	1 Fotoapparat 100 € zzgl. Versandk. 3,68 €	2 = Warenver-kauf
B. Schmitt	1 Ring 925er Silber Versand 1,12 €	3= Warenver-kauf
G. Müller	1 Verkaufsdisplay m. 100 Silberringen zzgl. Versandkosten 6 €	4 = Warenver-kauf
		5 =

		UE 1 =	UE 2 =	UE 3 =	UE 5 =
	Bruttoumsatz	35,00	100,00	31,400.000.00	
./.	Mehrwertsteuer	4,83	13,79	01,94.13.1	
=	Nettoumsatz	30,17	86,21	21,25.09.69	
./.	Material	0,10	0,00		
./.	Fremdhonorare	0,25	0,25	00,22.55	
./.	Vertriebsprovision	1,4	4,00	04,2	

			20
./.	**Sonstiges**		
./.	**Sonstiges**		
=	**Rohertrag**	28,42	81,96 21 ,1 26 2 2 4

3.7 Absatzplanung

	Verkaufte Stück in einem Standardmonat
UE 1=	90
UE 2=	30
UE 3=	300
UE 4=	30
UE 5=	

	Jan	Feb	März	April	De.
UE 1=	90	90	90	90	12(
UE 2=	30	30	30	30	5C
UE 3=	300	300	300	300	40(
UE 4=	30	30	30	30	4C
UE 5=					

4 Produktion

4.1 Standort

Spielt keine Rolle, kann überall sein. Egal auf welchem Kontinent.

4.2 Geschäftsräume

Ich benötige folgende Räumlichkeiten zu folgenden Kosten:			
	qm	€/qm	€ p.M.
Büro			
Fertigungshalle / Werkstatt			
Lager			
Ladengeschäft			
Nebenkosten			
Gesamt			

Zur Vorbereitung der Räumlichkeiten fallen folgende Kosten an:	
Zu erledigende Arbeiten	**Kosten in €**
Gesamt	

4.3 Betriebsausstattung

Ich benötige folgende Betriebsaustattung zu folgenden Anschaffungswerten:		
Ausstattung	**Bereits vorhanden in €**	**Noch anzuschaffen in €**
Computer mit Drucker u. Scanner, DSL Anschluss	**3000,00**	
Büromöbel	**3000,00**	
Fax	**200,00**	
Digitale Kamera		**1000,00**
Brief und Paketwaage		**500,00**
Gesamt	**6200,00**	**1500,00**

4.4 Material und Waren

Ich benötige folgendes Material und Waren zu folgenden Anschaffungswerten:		
Ausstattung	**Bereits vorhanden in €**	**Noch anzuschaffen in €**
Gesamt		

4.5 Personal

entfällt

4.6 Know-how / Kooperationspartner

entfällt

4.7 Qualitätssicherung

Was erwartet der Kunde von mir?	Wie stelle ich das sicher?

5 Interner Service

5.1 Administration

5.2 Rechnungswesen

5.3 Personalverwaltung

5.4 Risiken und Absicherung
Die Absicherung über Verträge:

Die Absicherung über Versicherungen:

Folgende Risiken habe ich und folgende Prämienbeträge kommen auf mich zu:					
Unternehmensrisiken / Versicherung	**€ p.M.**	**€ p.a.**	**Private Risiken / Versicherung**	**€ p.M.**	**€ p.a.**
			Krankenversicherung		
			Krankentagegeld		
			Berufsunfähigkeit		
			Altersvorsorge		

Nachdem man für sein Unternehem ein Konzept nach diesem Muster erstellt hat, kommt der Businessplan. Dieser ist in der Regel in Exceldateien erstellt und beinhaltet die Kalkulation eines Unternehmens für die ersten drei Jahre. Natürlich wird die Gründung des eigenen Unternehmens keine großen Kosten verursachen, man wird sich nicht verschulden müssen, doch man möchte auch Geld verdienen.

Wieviel das sein kann, das kann nur in einem Businessplan dargestellt werden. Wie vorstehend schon erwähnt, kann man Businesspläne gegen geringe Gebühren online downloaden. Gut für alle, die selbst keine Exceltabellen erstellen möchten. So braucht man nur die eigenen Zahlen einzugeben und fertig.

Nachstehend einige Ausschnitte aus einem Businesplan!

Gesamtübersicht

Finanzdaten			
Kapitalbedarf	0		
Sachinvestitionen		0	
Betriebsmittel		0	
Gründungskosten		0	
Finanzierung	0		
Eigenkapital		0	
öffentliche Mittel		0	
Hausbankdarlehen		0	
Sicherheiten		0	

Ertragsdaten	1. Jahr	2. Jahr	3. Jahr
Umsatz	0	0	0
Rohertrag	0	0	0
Ergebnis vor Steuern	0	0	0
Privatbedarf	0	0	0

Liquiditätsdaten	1. Jahr	2. Jahr	3. Jahr
Liquiditätssaldo	0	0	0
kummulierte Liquidität	0	0	0
Ergebnis vor Steuern	0	0	0
+ Abschreibung	0	0	0
= Cash-Flow vor Steuern	0	0	0
J. Tilgung	0	0	0
J. Ertragsteuern	0	0	0
J. Privatennahme	0	0	0
= Freie Liquidität	0	0	0

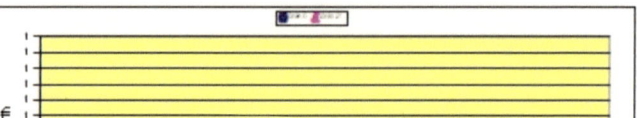

6. Kapitalbedarfs- und Finanzierungsplan

Kapitalbedarf	€
1 Sachinvestitionen	
Grund und Gebäude	
Betriebsausstattung	
Übernahmepreis	
Markterschließungskosten	
Sonstiges	
Gesamte Investitionen	0
2 Betriebsmittel	
Waren und Material	
Roh-, Hilfs- und Betriebsstoffe	
Auftragsvorfinanzierung	
Gesamte Betriebsmittel	0
3 Gründungskosten	
Steuer- / Rechtsberatung	
Infomaterial / Reisen / Fortbildung	
Eröffnungskosten	
Franchise-Einstiegsgebühr	
Maklergebühren / Kaution	
Sonstiges	
Gesamte Gründungkosten	0
Gesamter zu finanzierender Betrag	0

4 Liquiditätssicherung	

Sicherheiten	Bemerkungen / Erläuterungen	Wert

Finanzierung	€	
1 Eigenkapital		
Barmittel		
Sachwerte		
Beteiligungskapital		
Zuschüsse		
Sonstiges		
Gesamtes Eigenkapital		0
2 öffentliche Mittel	nominal	Auszahlung
DtA Startgeld	0	
ERP-Existenzgründungsdarlehen	0	
DtA-Existenzgründungsdarlehen	0	
Eigenkapitalhilfe	0	
Sonstiges		
Sonstiges		
Gesamte öffentliche Mittel	0	0
3 Hausbankdarlehen	nominal	Auszahlung
Darlehen 1		
Darlehen 2		
Darlehen 3		
Gesamte Hausbankdarlehen	0	0
Gesamte langfristige Finanzmittel	0	0

6 Kontokorrentkredit	0

Aus den Darlehen resultiert ...

	Zins %	Zins / Monat	Tilgung Jahr	Tilgung/Monat	Zinsen ab:	Tilgung ab:
	---	---	---	---	---	---
	---	---	---	---	---	---
	---	---	---	---	---	---
	---	---	---	---	---	---
DtA Startgeld	7,55%	0	8	0		
ERP-Existenzgründungsdarlehen	5,00%	0	10	0		
DtA-Existenzgründungsdarlehen	5,00%	0	8	0		
Eigenkapitalhilfe	3,00%	0	10	0		
Sonstiges		0	1	0		
Sonstiges		0	1	0		
Gesamte öffentliche Mittel	---	0		0	---	---
Darlehen 1		0	1	0		
Darlehen 2		0	1	0		
Darlehen 3		0	1	0		
Gesamte Hausbankdarlehen	---	0		0	---	---
Summe		0		0	---	---

Berechnung der Zinsbelastung aus dem Kontokorrentkredit	
Durchschnittlich in Anspruch genommener Betrag	
Zinssatz	
Zinsen je Quartal	0

65

7. Ertragsplan

	Jan	Feb	Mrz	Apr	Mai	Jun	Jul	Aug	Sep	Okt	Nov	Dez	Gesamt
1. Jahr													
Umsatz	0	0	0	0	0	0	0	0	0	0	0	0	0
Bezogene Leistungen und Waren	0	0	0	0	0	0	0	0	0	0	0	0	0
Rohertrag	0	0	0	0	0	0	0	0	0	0	0	0	0
Aufwendungen													
Geschäftsführungsgehälter													0
Personal													0
Raumkosten													0
lfd. Bürokosten													0
Büroausstattung (GWG)													0
lfd. Fahrzeugkosten													0
Marketing und Vertrieb													0
Unternehmensversicherungen													0
Steuer- und Rechtsberatung													0
Reisekosten													0
Abschreibungen	0	0	0	0	0	0	0	0	0	0	0	0	0
Zinsen													0
sonstige Aufwendungen													0
Summe Aufwendungen	0	0	0	0	0	0	0	0	0	0	0	0	0
Ergebnis vor Steuern	0	0	0	0	0	0	0	0	0	0	0	0	0
Ertragsteuern (ESt/KöSt/GewSt)													0
Ergebnis nach Steuern													0

Nachrichtliche Informationen:	Jan	Feb	Mrz	Apr	Mai	Jun	Jul	Aug	Sep	Okt	Nov	Dez	Gesamt
Cash-Flow (v.St.)	0	0	0	0	0	0	0	0	0	0	0	0	0
Tilgung Fremdkapital	0	0	0	0	0	0	0	0	0	0	0	0	0
Kapitaldienst (Tilgung+Zinsen)	0	0	0	0	0	0	0	0	0	0	0	0	0
Privatentnahme	0	0	0	0	0	0	0	0	0	0	0	0	0

Übersicht / Kap.bed. und Fi.-Plan / Ertragsplan / Liquiditätsplan / Rohertrag je UE / Abs.-Ums.- Rohertr.plan / Abschr.plan / Privatbedarf

3. Liquiditätsplan

	Jan	Feb	Mrz	Apr	Mai	Jun	Jul	Aug	Sep	Okt	Nov	Dez
1. Jahr												
laufende Einzahlungen												
Umsatz	0	0	0	0	0	0	0	0	0	0	0	0
Mehrwertsteuer	0	0	0	0	0	0	0	0	0	0	0	0
Sonst. Einzahlungen												
Summe laufende Einz.	0	0	0	0	0	0	0	0	0	0	0	0
laufende Auszahlungen												
Bezogene Leistungen und WE	0	0	0	0	0	0	0	0	0	0	0	0
Geschäftsführer Gehälter	0	0	0	0	0	0	0	0	0	0	0	0
Personal	0	0	0	0	0	0	0	0	0	0	0	0
Raumkosten	0	0	0	0	0	0	0	0	0	0	0	0
lfd. Bürokosten	0	0	0	0	0	0	0	0	0	0	0	0
Büroausstattung (GWG)	0	0	0	0	0	0	0	0	0	0	0	0
lfd. Fahrzeugkosten	0	0	0	0	0	0	0	0	0	0	0	0
Marketing und Vertrieb	0	0	0	0	0	0	0	0	0	0	0	0
Unternehmensversicherg.	0	0	0	0	0	0	0	0	0	0	0	0
Steuer- und Rechtsberatung	0	0	0	0	0	0	0	0	0	0	0	0
Reisekosten	0	0	0	0	0	0	0	0	0	0	0	0
Sonst. Auszahlungen	0	0	0	0	0	0	0	0	0	0	0	0
Zinszahlungen	0	0	0	0	0	0	0	0	0	0	0	0
Tilgung (von Darlehen)	0	0	0	0	0	0	0	0	0	0	0	0
Privatentnahme	0	0	0	0	0	0	0	0	0	0	0	0
Vorsteuer	0	0	0	0	0	0	0	0	0	0	0	0
Umsatzsteuer / Zahllast												
Ertragssteuern (ESt/KöSt/GewSt)												
Summe laufende Ausz.	0	0	0	0	0	0	0	0	0	0	0	0
Saldo lfd. Liquidität	0	0	0	0	0	0	0	0	0	0	0	0

	Jan	Feb	Mrz	Apr	Mai	Jun	Jul	Aug	Sep	Okt	Nov	Dez
Auszahlung für Investitionen												
Sachinvestitionen												
Betriebsmittel												
Sonstiges												
Gesamt	0	0	0	0	0	0	0	0	0	0	0	0
Einzahlung für Investitionen												
Eigenmittel												

Übersicht / Kap.bed. und Fi.-Plan / Ertragsplan \ Liquiditätsplan / Rohertrag je UE / Abs.- Ums.- Rohertr.plan / Abschr.plan / Privatbedarf

67

Nachwort:

Wenn Sie dieses Buch aufmerkam gelesen haben, dann haben Sie vielleicht eigene Ideen entwickelt, die nicht in diesem Buch zu finden sind. Vielleicht ist aber auch die eine oder andere Geschäftsidee in diesem Buch genau das, wonach Sie schon immer gesucht haben.